Erinnerte Vergangenheit

Konrad Sittig

Danksagung

Auf treue Freunde kann man sich verlassen, ich danke ihnen für ihre aufgebrachten Mühen.
Meine liebe Frau spürt Fehler, Schwachstellen und Unklarheiten auf, wenn sie Korrektur liest und trägt damit zum Gelingen meiner kleinen Bücher bei.
Alte gute Freunde machen nicht viel Worte, sie kritisieren, wenn es nötig ist, wir sind gut aufeinander eingespielt.

Dazu zählen:
Professor Dr. Herbert Schmiedel, Dr. Brigitte Wegener,
meine Tochter Ulrike und ihr lieber Mann, Dr. Harald Zagar.

Ihnen allen mein herzliches Dankeschön!

Bibliografische Information der Deutschen Nationalbibliothek Die Deutsche Nationalbibliothek verzeichnet diese Publikation in der Deutschen Nationalbibliografie; detaillierte bibliografische Daten sind im Internet über http//dnb.d.-nb..de abrufbar.

1. Auflage 2020

Herstellung und Verlag: BoD – Books on Demand, Norderstedt

ISBN 978-3-7504-4985-5

Erinnerte Vergangenheit

Vergangenheit ist für uns abgeschlossen,
es führt kein Weg jemals dahin zurück,
wir sind nicht deren alte Zeitgenossen,
die Zukunft ist der nächste Augenblick.

Was wir erschauen weit in Sternes Fernen
zeigt letztlich immer nur Vergangenheit,
wir werden manches Rätsel nicht entkernen,
verborgen bleibt so oft die Wirklichkeit.

Was wir auch immer noch erfahren mögen,
es stehen Zeugen für Vergänglichkeit,
der Himmel über uns spannt weite Bögen,
es steht allein die Zukunft noch bereit.

Meinen Freunden gewidmet

Teufelsmauer Weddersleben

Zeitenlauf

Der Zeitenlauf ist allerorts am Werken,
nur seine Vormacht sieht man immer nicht,
er kann recht kleine Wunden gut verbergen,
sie stehen später erst im Rampenlicht.

Solange Räder sich noch drehend regen,
erstirbt die Zukunft nicht am Stand der Zeit,
erschaffen werden Kräfte viel bewegen,
was ewig bleibt kündet Vergangenheit.

Der Gegenwart gilt keinerlei Vertrauen,
weil sie es in der Strenge gar nicht gibt,
wir können strebend nur auf Zukunft bauen,
man sei nicht in Vergangenes verliebt.

Teufelsmauer Weddersleben

Mauerreste

Schaut die alten Mauerreste
halten ein Gedenken wach,
stand hier einstmals eine Feste,
eingestürzt ist längst ihr Dach.

Tor und Fenster sind zerfallen,
Staub wurde daraus gemacht,
nichts erinnert an die Hallen,
riesig waren sie erdacht.

Sturm und Wetter schleift Ruinen,
die jetzt noch erhaben sind,
Eulen sie als Heimstatt dienen,
bester Schutz vor Lärm und Wind.

Klare Nächte zeigen Sterne,
binden diese Welt sanft ein,
auch der Mond verweilt hier gerne,
zauberhaft mit mildem Schein.

Endgültigkeit

Der Tag war heiß, da wurdest du begraben,
die kühle Erde reichte ihre Hand,
ein schwerer Sarg und viele Blumengaben,
der Friedhof schwieg wie eine kalte Wand.

Ich war dabei und durfte Abschied nehmen,
nur mein Gewissen war nicht schuldenfrei,
ich muss mich der gefehlten Stunden schämen,
Versäumnis würgt mich wie ein zäher Brei.

Noch lebend sollten wir uns oft begegnen,
wenn eine Freundschaftsbindung eng besteht,
der nächste Tag kann Vorsätze verregnen,
wenn kalter Wind Erinnerung verweht.

Die Reue folgt, sie lässt nicht auf sich warten,
verpasst, zu spät, sticht ins Gewissen ein,
die Scham begießt den ungepflegten Garten
und lässt uns damit fortan einsam sein.

Klusfelsen bei Halberstadt

Trauer und Erinnerung

Fragen, die uns jetzt bedrängen,
hat der Tod hervorgebracht,
Leid will kalt den Weg verengen,
wir empfinden tiefe Nacht.

Sinnlos hatten wir gestritten,
jeder blickte auf sein Recht,
später haben wir gelitten,
nur für beide war es schlecht.

Nun gedenken wir der Tage,
glücklichen Zusammenseins,
wortlos wächst in uns die Frage,
wer wird jetzt der nächste sein.

Hoffnung möge euch bewahren,
weint auch, wenn es nötig ist,
Tränen heilen noch nach Jahren,
wenn die Liebe Schmerz vergisst.

Raukenfeld Gotland

Visby am Hafen

Vergangene Tage

In Fluten feuerroter Flammen,
vergeht ein Tag am Horizont,
es finden Wolken sich zusammen
und Licht versinkt an ferner Front.

Vergangenheit wird sich entfalten,
nie hält die Zeit den Atem an,
sie wird Erinnerung verwalten,
verspricht, was sie auch halten kann.

Gruß allen, die gelassen bleiben,
nie jammern, wenn sie einsam sind,
die keine Hoffnung von sich treiben
und werden nicht durch Ängste blind.

Momente können nichts erhalten,
denn Gegenwart ist nur erdacht,
wie wollte ich den Wind anhalten,
er hätte wohl nicht mitgemacht.

Das Totenschiff

Es scheint ein Schiff auf Land zu liegen,
geordnet reiht sich Stein an Stein,
die Reling schwer und felsgediegen,
wie mag es hergekommen sein.

Die Mannschaft bleibt an Bord verborgen,
der Bug zielt strebend hin zum Wald,
die Segel alle sind geborgen,
das Rätsel löst sich nicht sobald.

Kein Wasser kann das Boot hier tragen,
wer wird wohl sein Erbauer sein,
wir können keine Mannen fragen,
von ihnen ruht hier das Gebein.

Die Ewigkeit wird Masten setzen,
dann bläht sich in den Rahen Tuch,
Wasser wird das Deck benetzen,
an Bord gibt es ein Fahrtenbuch.

Schiffssetzung Gnisvärds Gotland

Die Meisterkammer

Die Kammer diente vielen Zwecken,
gewerkelt wurde und gelebt,
so lässt sich vieles hier entdecken,
es wurde sogar Tuch gewebt.

Es findet sich kein Putz auf Wänden,
Naturgestein ersetzt den Prunk,
Geschick lag in des Meisters Händen,
zum Feierabend erst ein Trunk.

Es tragen roh geschälte Stämme
das schwere holzgedeckte Dach,
Verschalung fehlt und Wärmedämme,
die Kammer klein, im Haus ein Fach.

Doch warmes Licht steht hier im Raume,
die Funzel von der Decke hängt,
behaglich fühlt man sich im Traume,
wenn man an keinen Luxus denkt.

Der Notenständer lässt erkennen,
hier wurde auch Musik gespielt,
die Tonart ist nicht zu benennen,
gewiss, dass sie kein Moll enthielt.

Lummelunda Grotte Gotland

Wasserkunst

Wasser kann endlos gestalten,
vielgeartet ist sein Werk,
Eis kann hohe Kunst entfalten,
Schnee ziert manchen hohen Berg.

Sogar Felsen kann es spalten,
falls ein Zutritt ihm gelingt,
ist dann nicht mehr aufzuhalten,
bis es in die Tiefe dringt.

Tropft in Grotten aus der Decke,
baut geheim ein Märchenland,
sorgt, dass niemand es entdecke,
schafft zum Schutze eine Wand.

Kann gar harte Steine schleifen,
rollt sie rund bis hin zum Tal,
wenn so lebhaft Kräfte greifen,
staunen wir ein jedes Mal.

Wolkennähe

Wolken schrecken Abendstille,
ringsum wacht noch alles Land,
Nacht bereitet kalt die Hülle,
Sterne reichen fern die Hand.

Wie ein Kleinod aufbewahren,
dieses Schauspiel der Natur,
Wolkennähe lässt erfahren,
Dunkelheit bedeckt die Flur.

Morgen wird ein Tag beginnen,
wenn die Sonne uns erweckt,
lässt uns Zukunftspläne spinnen,
hat die Nacht uns nicht erschreckt.

Die Eiche

Abgestorben steht die Eiche,
keine Borke schützt den Schaft,
wehrlos ist die nackte Leiche,
ausgehaucht des Lebens Kraft.

Äste in den Himmel ragen,
dieser zeigt sich wolkenleer,
Blätter werden sie nicht tragen,
keine Hoffnung zeigt sich mehr.

Ringsum leben noch Begleiter,
geschlossen nicht mehr ihre Front,
Trockenheit frisst tief und weiter,
scharfer Schatten sich hier sonnt.

Bald wird auch die Wiese bleichen,
glaubt sie sich auch noch verschont,
alles wird der Trauer weichen,
die Erinnerung sich lohnt.

Armer Teufel

Was hat der arme Teufel hier verloren,
er gönnte sich wohl eine kurze Rast,
gar nicht zu Eis, zu Stein ist er gefroren,
auf Dauer weilt er nun als stiller Gast.

Mein Hund hat ihn gewiss nicht wahrgenommen,
er hielt ihn wohl für einen alten Stein,
der Teufel lies ihn ruhig zu sich kommen
und stellte ihm verträglich auch kein Bein.

So wurde auch der Mut in mir gezündet,
Besorgnis kam nun nicht mehr ängstlich auf,
laut pfeifend habe ich es laut verkündet,
der arme Teufel nahm es still in Kauf.

Wer will ihm denn aber zur Nacht begegnen,
gewiss, es hält mich wirklich keine Scheu,
es könnte aber sein, es würde regnen,
so bleibe ich denn meinem Bette treu.

Gotland Foto: Ulrike Sittig

Auwald Idylle

Belauscht des Auwalds feine Stille,
Blätter säuseln zart ihr Lied,
Sonnenschein schafft eine Hülle,
schaut was wundervoll geschieht.

Hungerblümchen sind bescheiden,
wachsen karg am Wegesrand,
dass sie Durst auch oft erleiden,
zeigt recht gut gebleichter Sand.

Fällt dagegen reichlich Regen,
nimmt Natur sich Land zurück,
für den Auwald wahrer Segen,
Sümpfe wachsen Stück um Stück.

Altes Schilf wiegt sich in Wellen,
hat den Winter überlebt,
frisches Rohr an vielen Stellen,
dichte Flächen grün gewebt.

Foto: Ulrike Sittig

Spiel der Wellen

Heiter Spiel der Wellen,
lustige Gesellen,
wenn die Luft von See her weht.
Nur an manchen Stellen,
kann man sie bestellen,
eh ihr Schauspiel untergeht.

Ihren Tanz vorführen,
neue Künste küren,
halten sich am Ufer dicht.
Jeder kann sie spüren,
mutig sie berühren,
jubeln sie im Sonnenlicht.

Weit vom Wind getragen,
hin wo Steine lagen,
Strand ist damit übersät.
Kaum an Regentagen,
sie den Auftritt wagen,
weil sie niemand dann erspäht.

Foto: Ulrike Sittig

Foto: Ulrike Sittig

Weich gekleidet

Weich gekleidet sanft in Milde,
jede grelle Farbe schweigt,
wunderschön ist das Gebilde,
frisches Leben wird gezeigt,

Grün lässt helle Hoffnung bitten,
Traum fernab der Wirklichkeit,
Licht in finstre Nacht geschnitten,
macht sich unter Steinen breit.

Aus der Trockenheit geboren,
gründet hier ein Inselreich,
was das Leben glaubt verloren,
zeichnet uns die Liebe weich.

Lauf der Zeit

Lauf der Zeit ist nicht zu schlagen,
kein Moment kann stille stehn,
in uns wächst das Unbehagen,
wo wir nie ein Ende sehn.

Wenn wir auf die Sterne schauen,
grüßt uns die Vergangenheit,
wenn wir auf die Zukunft bauen,
trifft uns bald das gleiche Leid.

Alles muss sich fortbewegen,
einen Stillstand gibt es nicht,
an Geschwindigkeit gebunden,
eilt auch aller Sonnen Licht.

Kommt der Tag, den wir nie schauen,
wo kein emsig Rad sich dreht,
muss die Welt auf Gott vertrauen,
dass sein Werk nicht untergeht.

Maiengrün

Bei der Tanne steht die Fichte,
beide schmückt jetzt Maiengrün,
badet hell im Sonnenlichte,
rings schon bunte Blumen blüh' n.

Fichte lässt die Zweige hängen
Tanne tut dergleichen nicht,
hin zum Lichte beide drängen,
geziert ist alles Angesicht.

Werden älter als wir werden,
bleibt ihr Leben gut gefeit,
Stürme könnten sie verderben,
die Gefahren lauern weit.

Für sie wünschen wir das Beste,
wie für alle Kreatur,
laden sie zum Freudenfeste,
das bereitet die Natur.

Foto: Ulrike Sittig

Lied der Liebe

Liebe kann verzeihen,
lässt sich schwer entweihen,
zuverlässig steht ihr Bund.
Wird stets Kraft verleihen,
nichts kann sie entzweien,
liegen auch Gefühle wund.

Ist sie angeschlagen,
stellt sie manche Fragen,
wartet bis der Kummer heilt.
Wird's nicht weiter sagen,
neue Wege wagen,
wenn sie heimlich doch verweilt.

Nichts kann sie besiegen,
lässt Gedanken fliegen,
schenkt der Seele gütlich Rast.
Was kann schwerer wiegen,
Eisen muss sich biegen,
weilt sie doch bei uns zu Gast.

Nachklang

Noch lange hat es in mir nachgeklungen,
es war so schön, als ich dich plötzlich sah,
die Liebe hat für dich ein Lied gesungen,
im Wachtraum bist du immer mir ganz nah.

Der Folgetag blieb pulsend froher Stunden,
im Glücksgefühl war ich mit dir vereint,
es hielten Himmelskräfte uns gebunden,
wo Kummer einen Abschied lang beweint.

Du bist für mich die Kraft aus tiefster Quelle,
die sich erfrischend über mich ergießt,
am Felsgestade eine Riesenwelle,
die nur wer liebt in vollem Bad genießt.

Augenblicke

Augen können zärtlich scherzen,
Schelte gibt es dafür nicht,
Spiele sprechen aus den Herzen,
drängen Wahrheit an das Licht.
Blicke können uns verraten,
sagen, was der Mund verschweigt,
Augen haben sich beraten,
Einvernehmen wird gezeigt.

Blicke dürfen alles sagen,
feines Lächeln steht im Bund,
soll geheime Botschaft tragen,
dazu träumt ein süßer Mund.
Blicke sind die Liebesbrücke,
fest verankert in der Brust,
das Verlangen ohne Lücke,
drängt auf nahe Liebeslust.

Blicke küssen sich im Reigen,
knüpfen unsichtbar ihr Band,
furchtlos alle Sehnsucht zeigen,
Liebste reiche mir die Hand.
Blicke dürfen sich erleben,
treffen sich und bleiben da,
Worte könnten Antwort geben,
ganz gewiss ein klares Ja.

Halte inne

Halte inne und verweile,
höre auf ein kurzes Wort,
lass mal Hektik, lass mal Eile,
lauf nicht hastend wieder fort.

Hab dich lange nicht gesehen,
dein Signal nicht aufgespürt,
deshalb sollst du jetzt nicht gehen,
wo uns Gunst zusammenführt.

Lass dich wieder mal umarmen,
dein Beschützer sieht es nicht,
habe mitgefühlt Erbarmen,
du bist meiner Seele Licht.

Schwerkraft kann es überwinden,
wenn die Gegenwehr erschlafft,
deine Zauber mich umbinden,
fesseln mit der Liebe Kraft.

Bodennebel

Bodennebel, klar die Sterne,
selten zeigt sich solch ein Bild,
greifbar nah erscheint die Ferne,
leihet uns Gedanken mild.

Dicht am Boden Nebelfülle,
Andacht reicht sanft seine Hand,
Nacht bereitet so die Hülle,
Sterne ziehen übers Land.

Wie ein Kleinod aufbewahren
diesen Zauber der Natur,
Sternenstille lässt erfahren,
Friede aller Kreatur.

Herbstbeginn

Freundlich ist der Herbst gekommen,
lädt mit Sonnenstrahlen ein,
Sommers Hitze ist genommen,
kühler Wind darf wieder sein.

Nebel zeigt sich an den Flüssen,
wenn der Tag der Nacht entsteigt,
Sonnenaufgang wird ihn küssen,
wer genießt verzaubert schweigt.

Rauer werden bald die Tage,
erster Nachtfrost weilt zu Gast,
grauer wird die Wetterlage,
denn der Herbst kennt keine Rast.

Blumen wird es nicht mehr geben,
nur aus Eis auf Glas gemalt,
angegriffen stirbt das Leben,
wenn der Herbst auch noch so prahlt

Herbstlaub

Herbstlaub in den Bäumen,
lässt nicht fröhlich träumen,
täglich schwindet Sonnenlicht.
In bald kahlen Räumen,
kann man nichts versäumen,
bald zeigt Winter sein Gesicht.

Schaut auf Mittagsschatten,
in jetzt grauen Matten,
ständig wachsen sie noch an.
Licht wird schnell ermatten,
Sonne wird`s gestatten,
Frühling bricht erst diesen Bann.

Foto: Ulrike Sittig

Spätherbsttage

In den Auen an der Bode,
badet feiner Nebel dicht,
Stille sinnt ihm eine Ode,
Kuss dem ersten Sonnenlicht.

Es wird eilend höher steigen,
löst die weißen Schleier auf,
bald wird sich der Mittag zeigen,
rasch dreht sich des Tages Lauf.

Hat der Abend Platz genommen,
zeiget sich des Vollmonds Glanz,
Sterne werden wiederkommen,
prächtig ihre Eleganz.

Kalt wird dann die Nacht verweilen,
bist der Morgen sich besinnt,
Sonnenschein wird Wunden heilen,
eh der Kreislauf neu beginnt.

November ach November

November ach November,
gekleidet bist du grau,
kein Farbfleck im Kalender,
Konturen blass und flau.

Du kennst auch Sonnentage,
beschränkt ist ihre Zahl,
das stellt niemand in Frage,
es liegt an deiner Wahl.

Nicht Kleider willst du nehmen,
die bunt und kunstvoll sind,
musst dich deshalb nicht schämen,
bist du fast farbenblind.

Betrübst mir die Gedanken,
sie schweifen hin und her,
kein Horizont setzt Schranken,
zu singen fällt mir schwer.

Nachtumhüllt

Von der Nacht umgeben,
hüllt sich Zauberleben,
zeichnet sanfte Bilder auf.
Frei Gedanken schweben,
Stillsein kann hier weben,
vollendet ist des Tages Lauf.

Zugesellt dem Reigen,
werden Sterne steigen
bis der Morgen spät anbricht.
Alle Vögel schweigen,
sich der Andacht neigen,
weckt sie nicht des Mondes Licht.

Gern lässt sich verweilen,
nichts will bald enteilen,
auch der Wind hat sich gelegt.
Heile Andacht teilen,
mag Besorgnis heilen,
falls sich Kummer in uns regt.

Magie der Nacht

Blaue Stunde hat geschlagen,
offenbart Magie der Nacht,
Ruhe kann der Tag vertragen,
Käuzchen sind jetzt aufgewacht.

Laut ist ihr *Kiwit* zu hören,
dringt durch schwarze Dunkelheit,
Nachtgespenster mag es stören,
denn es ist wohl ihre Zeit.

Sogar Bäume möchten schlafen,
hängen ihre Zweige tief,
Hirten wachen bei den Schafen,
wenn der Hütehund nun schlief.

Grillen Liebeslieder singen,
derweil die Magie verweilt,
lassen weit ihr Ständchen klingen,
wenn die Nacht vorüber eilt.

Mondlicht rahmt den stillen Zauber,
Sternenschein darin verblasst,
wolkenlos der Himmel sauber,
stillgelegt ist alle Hast.

Besinnungstag

Geeignet um recht Dank zu sagen,
Erinnerung pflegt diesen Tag,
oft stellt die Rückschau manche Fragen,
die man verdrängt und gar nicht mag.

Was wäre heut, ach was wäre nur,
wenn früher manches anders lief,
nicht vorbestimmt ist unsre Spur,
es ging wohl vieles ähnlich schief.

Geburtstag gründet in Kalendern,
daran zu rütteln geht wohl nicht,
wer will rückgreifend Schicksal ändern,
such besser in der Zukunft Licht.

Grönlandsturm

Böig wirbelnd nahen Gäste,
jagt der Sturm von Grönland her,
splitternd brechen Baum und Äste,
tosend zog er übers Meer.

Urgewalten sind entfesselt,
zeigen tobend ihre Macht,
was sich wehrt, wird eingekesselt,
wilde Kräfte sind entfacht.

Draußen heulen Klagegeister,
überall herrscht Lärm und Krach,
sie gehorchen keinem Meister,
abgedeckt wird manches Dach.

Wolken jagen die Gespenster,
ihre Streitmacht ist geweckt,
Regen trommelt gegen Fenster,
alle zeigen sich erschreckt.

Prasselregen

Plötzlich prasseln Regenschauer,
Wolkenfässer sind nicht leer,
Attacken meist von kurzer Dauer,
wütend jagt ein Sturm daher.

Getroffen werden Fensterscheiben,
Regentropfen schlagen auf,
draußen tobt ein wildes Treiben,
Wetter probt den schnellen Lauf.

Erscheint die Sonne unvermittelt,
treibt sie Wolken vor sich her,
kein altes Dach mehr durchgerüttelt,
Licht umspannt ein blaues Meer.

Die Regenwand hat sich verzogen,
endlich wird es wieder still,
Versöhnung bringt ein Regenbogen,
der gütlich wohl vermitteln will.

Dauerregen nicht mehr länger

Über Nacht hat es geregnet,
viele Wochen schon davor,
jeder Tag mit Nass gesegnet,
schweigsam ist der Vogelchor.

Schließlich will es sich aufklaren,
früh am Morgen dämmert Licht,
Spatzen tummeln sich in Scharen,
endlich wieder klare Sicht.

Unsre Sonne möchte siegen,
Frohsinn spielt mit ihrem Schein,
Blau wird strahlend überwiegen,
heiter wird der Himmel sein.

Lange hell bleibt noch der Abend,
doch der Mond ist schon erwacht,
Wetterwechsel ist erlabend,
Regen fällt nicht mehr zur Nacht.

Oststrand Nordgotland

Der Wassergeist

Der Wassergeist, hier könnte er wohl wohnen,
den Steinen nah liegt sicher sein Versteck,
Geheimnis lüften würde sich schon lohnen,
bei ihm zu nisten währe echt ein Geck.

Geschichten könnte er gewiss erzählen,
wir wären wohl davon recht fasziniert,
das Thema dazu sicher selbst erwählen,
erfahren, was in seiner Welt passiert.

Das Leben hat der Wassergeist gebadet,
von Anbeginn war immer er dabei,
mit seiner Gunst hat er wohl kaum geschadet,
den Steinen aber blieb das einerlei.

Am Vetternsee in Mittelschweden

Silberweiß

Silberweiß hebt sich der Morgen,
steigt aus kühlen Fluten auf,
um das Wetter keine Sorgen,
kündet hell der Sonne Lauf.

Hinter Wolken nicht verborgen,
Dunst umschleiert ihr Gesicht,
steigt sie auf, begrüßt den Morgen,
gleitet übers Wasser dicht.

Ihre Bahn im See gespiegelt,
Wellenspiel noch nicht erwacht,
Ufer schläft noch eingeigelt,
träumt wohl von der letzten Nacht.

Mild von blauem Licht umwoben
tritt sie ihre Reise an,
stille Schönheit schnell noch loben,
weil sich alles ändern kann.

Gotland

Krumm gebogen

Bäume allesamt gebogen,
Wellen werfen sich ans Land,
Sturm ist noch nicht aufgezogen,
ruhelos liegt Wald und Strand.

Wellenkraft hat Fels gespalten,
sein Geröll liegt rings umher,
dieser Eindruck bleibt erhalten,
flieht nicht auf das blaue Meer.

Wind und Wasser wild gestaltet
bis das Eiland untergeht,
die Natur hier Macht verwaltet,
weil die Erde sich noch dreht.

Leuchtsignale

Leuchtsignale weithin strahlen,
wo ein Turm auf Wache steht,
will nicht mit den Blitzen prahlen,
wenn die Sonne untergeht.

Auch am Tage weit zu sehen,
trotzt das Blinklicht fest am Land,
wenn hier raue Winde wehen,
ziert es oft ein Wolkenband.

Schiffen wird der Weg geleitet,
sicher, dass ihr Kurs anliegt,
wer im Sturm mit Wellen streitet,
wird so leicht dann nicht besiegt.

Südküste Gotland

Strand der Steine

Nur der Sonnenschein mag baden,
Steine tummeln sich am Strand,
Wellen sie zum Spiele laden,
überspielen nur den Sand.

Friedlich scheint des Tages Hülle,
so als ringsum alles schlief,
Zeit bereitet die Idylle,
Schatten greifen langsam tief.

Ruhe wird hier wahrgenommen,
wo kein Windhauch sich bewegt,
sanft wird bald der Abend kommen,
wenn die Nacht sich niederlegt

Spuren im Sand

Finden sich im Sande Spuren,
hat sie bald der Wind verweht,
Halt gebieten keine Uhren,
was einst war, zu schnell vergeht.

Wege lassen sich einprägen,
werden ständig sie benutzt,
immer sollte man erwägen,
ob man sie nicht auch beschmutzt.

Freunde soll man an sich binden,
wenn man sie recht gerne mag,
Möglichkeiten dafür finden,
denn nicht ewig bleibt es Tag.

Einsam keine Nacht verbringen,
schlafe bei der Liebsten ein,
zum Erwachen fröhlich singen,
Musen lassen glücklich sein.

Visby Gotland

Wolkenträume

Wolkenträume um die Sonne,

die im Meer bald untergeht,

Farbenspiele voller Wonne,

wo kein Windhauch hat geweht.

Sanfte Dünung kaum zu hören,

Wellen gleiten hin zum Strand,

können nicht die Andacht stören,

netzen still des Ufers Sand.

Blicke übers Wasser fliegen,

schwerelos und völlig frei,

sich im Flutenrhytmus wiegen,

dieser Reigen glücklich sei.

Szenenwechsel

Nacht wird die Szene völlig umgestalten,
am Horizont versinkt der Sonnenschein,
es wird sich nicht die sanfte Stille halten,
von Land her wehen frische Winde ein.

Auch wird es eine neue Dünung geben
und Wellen ziehen weg vom breiten Strand.
Die Finsternis dem Wasser nah erleben
entrückt Gedanken in ein fernes Land.

Dort muss nicht unbedingt die Sonne weilen,
wer weiß, wo sie zu dieser Stunde steht,
Freiheit kann man mit allen Winden teilen,
vergessen, dass die Zeit zu schnell vergeht.

Dezemberlicht

Fahles Licht, es fehlt die Sonne,
alles ist in grau getaucht,
heimisch Wärme, welche Wonne,
sind die Kräfte aufgebraucht.

Meinetwegen mag es schneien,
wenn selbst Wind dazwischen pfeift,
Ruhe wird von Angst befreien,
auch wenn Sturm die Dächer schleift.

Ach was soll denn schon passieren,
abzuwarten bleibt die Wahl,
Seele lässt sich gern massieren,
hebt sich aus dem Jammertal.

Foto Ulrike Sittig

Kindertraum zur Weihnachtszeit

Ein Kindertraum zur Weihnachtszeit,
ist's, dass es draußen friert und schneit,
dass alle glücklich sind und froh
und das für alle Kinder so.

Sie wünschen sich zur Weihnachtszeit,
dass ein Essen steht bereit,
dass kein Kind trage Hungers Last,
sei des lieben Gottes Gast.

Sie wünschen in der Weihnachtszeit,
dass vergehe alles Leid,
Hass und Waffen endlich schweigen,
dass Friede sich kann zeigen.

Drum wünschen wir zur Weihnachtszeit,
dass keine Zwietracht uns entzweit,
dass wir versöhnlich eingestimmt,
niemand der Kinder Hoffnung nimmt.

Es kommt Besuch

Hier noch wischen, da noch putzen,
spute dich, es kommt Besuch,
die Gelegenheit jetzt nutzen,
später lese dann dein Buch.

Wer da kommt, fühlt sich willkommen,
lässt zuhause alles sein,
Gastfreundschaft wird angenommen,
nun ist man nicht mehr allein.

Überraschung ist gelungen,
alles blitzeblank und fein,
gemeinsam wird sogar gesungen,
Weihnachtsstimmung kehrt so ein.

Ist der Jubel spät verklungen,
tritt erst wieder Ruhe ein,
alles war doch recht gelungen,
Besinnlichkeit darf endlich sein.

Weihnachtssehnsucht

Eine Sehnsucht bleibt Weihnachten,
die sich niemals wohl erfüllt,
auch wenn wir nach Stimmung trachten,
zeigt sich solcher Traum verhüllt.

Nie Besinnlichkeit erfahren,
immer Hektik, Stress und Hast,
so erinnerlich seit Jahren,
wird das Fest sehr leicht zur Last.

Hat man jede Pflicht gemeistert,
möchte man müd schlafen geh' n,
auch kein Kerzenschein begeistert,
wenn sich Menschen nicht versteh' n.

Friede wird zur hohlen Blase,
ringsum Hunger, Streit und Krieg,
Weihnachtsstimmung nur noch Phrase,
jeder kämpft um seinen Sieg.

Doch so soll der Reim nicht enden,
Hoffnung bleibt auch bei uns Gast,
alles möge sich doch wenden,
Glaube halte bei uns Rast.

Klarer Himmel kalte Nächte

Klarer Himmel kalte Nächte,
Wasser zeigt sich nur als Eis,
entfaltet werden raue Mächte,
Wintertage kommen weiß.

Eiskristalle früh am Morgen,
Dächer glitzern wie beschneit,
kurz vergessen werden Sorgen,
ist das Herz dazu bereit.

Himmelswelten stehen offen,
Sterne träumen ihren Traum,
unsre Sehnsucht ist getroffen,
grenzenlos erscheint der Raum.

Helle Wolken dürfen ziehen,
kein Gesetz ist hier zu streng,
Gedanken mögen dahin fliehen,
wird es einmal um uns eng.

Wintersonnenwende

Endlich wachsen wieder Tage,
Dunkelheit nicht weiter schreckt.
Frühling keine bange Frage,
Hoffnung ist spontan geweckt.

Graue Tage sind verstrichen,
Glücksgefühle ziehen ein,
Angstempfinden auch gewichen,
Trauer schmilzt im Sonnenschein.

Morgenlicht erweckt das Leben,
weiße Glöckchen legen los,
hin zu hellen Tagen streben,
Freude aus der Erde Schoß.

Bald küsst Frühling alles Leben,
fröhlich darf die Seele sein,
vorwärts drängt erwachtes Streben,
nichts mehr leidet Winters Pein.

Wiederkehr

Langsam steigen Tage wieder,
kaum zu fühlen ist ihr Schritt,
Vögel singen noch nicht Lieder,
alles setzt gewohnten Tritt.

Früh sind wir noch lange müde,
Katzen wollen auch nicht raus,
Winterschlaf noch voll in Blühte,
Nebel zieht um jedes Haus.

Doch wir nehmen es gelassen,
wissen wie es weitergeht,
Schnee fällt nun nicht mehr in Massen,
weil der Frühlingswind schon weht.

Noch wächst Unkraut nicht im Garten,
Arbeitseifer bleibt vertagt,
müssen noch ein Weilchen warten,
nur Geduld ist jetzt gefragt.

Ein neues Jahr

Die Sonne heißt ein neues Jahr willkommen,
es glitzern See und weite Flächen weiß,
in Licht getaucht wird es froh angenommen,
schon eilt es hin auf freigestelltem Gleis.

Das alte Jahr sobald noch nicht vergessen,
erinnerlich wird es noch lange sein,
nur am Erfolg und Fortschritten gemessen,
zieht es danach in die Geschichte ein.

So viele Fragen werden offen bleiben,
Probleme stehen für die Zukunft an,
wir werden manche Lösung niederschreiben
und denken eifernd immerzu daran.

Erfüllt sind wir von großen Zukunftsplänen,
ob sie gelingen niemand vorher weiß,
so manche Lösung endet unter Tränen
und fordert von uns schmerzhaft ihren Preis.

Wir müssen einen neuen Anfang wagen
und steuern neue Schlüsselwege an,
durch starke Hoffnung werden wir getragen
und wenden in die Zukunft unsre Bahn.

Foto: Ulrike Sittig

Unsre Hände

Verändert haben sich längst unsre Hände,
das Alter hat sie krumm und steif gemacht,
es setzt uns Grenzen, um uns hohe Wände,
die Jugend hat niemals daran gedacht.

Versäumtes sollte uns nicht überrollen,
Erinnerung pflanzt in uns keine Scham,
wir dürfen in ihr spielen, lachen, tollen
und fühlen uns gealtert nicht mehr lahm.

Es lässt kein Instrument sich noch erlernen,
die Zeit hat uns den alten Streich gespielt,
wir müssen uns von Schaffensdrang entfernen,
das Alter spielt für uns das Abschiedslied.

Wir werden uns verwandelt wieder sehen,
die Auferstehung braucht es dazu nicht,
es werden Leib und auch die Zeit vergehen,
erschaffen neu aus Gottes Gnadenlicht.

Visby Gotland

Ein Flämmchen

Ein kleines Flämmchen leuchtet fein,
Stille breitet sich im Raum,
verbreitet gütlich warmen Schein,
wiegt Gedanken still im Traum.

Luftzug bringt es in Bewegung,
wenn er weht ist es erregt,
Unbehagen zeigt die Regung,
bis sich rings nichts mehr bewegt.

Ruhig brennt die Flamme nieder,
Schattenspiel in letztem Licht,
Sinne kehren immer wieder,
Vergangenheit in naher Sicht.

Stundentakt kennt keine Scherze,
nirgendwo ein fester Halt,
immer kleiner wird die Kerze,
bald wird um sie alles kalt.

Foto. Ulrike Sittig

Gelassenheit

Fliehe Hektik, Stress und Eile,
finde zur Gelassenheit,
in der Ruhe still verweile,
zeige dich in Heiterkeit.

Sorge nicht was andre denken,
gehe deinen festen Weg,
lass mit Kräften dich beschenken,
schenke Freude als Beleg.

Muße wird dir Friede geben,
stellt sie sich für dich bereit,
tritt Beschwerlichkeit ins Leben,
wecke deine Fröhlichkeit.

Treibe von dir alle Sorgen,
geh den Tag gelassen an,
denke heute nicht an morgen,
übe wie man lächeln kann.

Ist dir alles das gelungen,
kehrt bald Herzensfriede ein,
in der Seele wird gesungen,
lasse so den Ausklang sein.